OBSERVATIONS

Sur les nouveaux Forts qui ont été exécutés, & qui doivent l'être pour la défenſe de la rade de Cherbourg;

Où l'on fait mention des travaux faits au Havre, à Dunkerque, & à l'île de France;

Où l'on donne enfin les moyens de faire exécuter à l'avenir des Ouvrages moins coûteux & d'une meilleure défenſe.

Avec un Projet de nouvelles lignes frontières permanentes, pour couvrir les Provinces du Royaume.

Par M. LE MARQUIS DE MONTALEMBERT.

A PARIS,

DE L'IMPRIMERIE DE PHILIPPE-DENYS PIERRES, Premier Imprimeur Ordinaire du Roi, rue S. Jacques.

M. DCC. XC.

OBSERVATIONS

Sur les nouveaux Forts exécutés à Cherbourg, & autres travaux du même genre exécutés en différens endroits.

Par M. le Marquis DE MONTALEMBERT.

L'ESPRIT de Corps éternise jusqu'aux préjugés populaires, il est l'ennemi naturel des découvertes utiles; parce que tout Corps tient également & à ses connoissances acquises, & à ses erreurs. De même toute Administration soutient ses principes & défend ses fautes; elle se refuse constamment aux démonstrations les plus évidentes. Il en coûte trop à l'amour-propre de convenir qu'on eût pu mieux faire, & quiconque entreprend d'éclairer sur des abus, est sûr d'avoir pour contradicteurs, tous ceux qui les commettent.

Les exemples d'un attachement opiniâtre à d'anciens & mauvais usages auxquels des Corps tiennent, sont nombreux; l'énumération en seroit aussi longue qu'inutile ici. L'on se bornera à en citer un seul des plus importants, puisqu'il intéresse la Nation entière. L'expérience de toutes les guerres a prouvé que les places fortes étoient insuffisantes pour la conservation des Provinces frontières du Royaume; depuis que l'attaque est devenue supérieure à la défense, tout le monde sait qu'elles ne sont plus un moyen de conservation, & les vœux publics se sont réunis depuis long-tems, pour que la défense pût acquérir la supériorité qu'elle a perdue. Alors les sommes considérables que le Gouvernement emploie pour ses fortifications, ne seroient plus en pure perte; l'on sent que si un certain nombre de places, capables d'une très-grande résistance, ou même de places impossibles à réduire par la force pouvoient remplacer cette grande quantité de mauvaises places, dont quelques jours de tranchée ouverte suffisent pour s'en rendre maîtres, nos frontières seroient respectées par les Puissances voisines, même les plus ambitieuses ; & les possessions de tous les sujets du Roi, se trouveroient pour toujours garanties du fléau des fréquentes guerres auxquelles elles sont exposées. De l'impénétrabilité de nos frontières dépend sans doute la conservation du Royaume, & de la possession assurée de nos Colonies dépend l'accroissement de notre Commerce, d'où naît la richesse de l'État.

De si grands avantages seroient une suite nécessaire de l'art défensif perfectionné. Un ouvrage considérable, publié depuis quatorze ans (*la Fortification Perpendiculaire*) paroît avoir rempli cet important objet. Ses principes fondamentaux sont à la portée de tout le monde. Ils consistent à donner à l'assiégé les moyens de placer à couvert de tous les feux de l'assiégeant, une artillerie supérieure à la sienne, dans la proportion de 12, 15, & 20 pièces contre une, sur toute l'étendue du front de l'attaque.

Or, si l'on ne peut disconvenir que les 20 pièces bien couvertes de l'assiégé détruiront une pièce de l'assiégeant placée à découvert derrière des gabions remplis de terre remuée, il faut en conclure que l'artillerie de ce dernier, sera détruite par celle du premier. Mais sans artillerie, on ne peut ouvrir les remparts d'une place, & sans une brêche on ne peut y pénétrer ; ainsi donc elle ne pourra être prise.

Ceci est précisément le contraire de ce qui arrive, avec la méthode usitée de fortifier les places. Toute l'artillerie destinée à leur défense placée à découvert sur le haut des remparts bastionnés, étant prise en rouage par celle de l'assiégeant, une seule de ses pièces en peut détruire vingt des autres, & de la destruction totale de l'artillerie de l'assiégé, suit nécessairement la rapidité des succès de l'assiégeant.

L'on sent combien des causes si différentes, doivent produire d'effets différents. Cependant si l'on en veut croire les opposans à cette nouvelle méthode, ces effets seront les mêmes ; encore vont-ils jusqu'à prétendre que la défense, bien loin d'y gagner, y aura perdu. Mais comment le prouvent-ils ? c'est en formant sur le papier, devant le nouveau système, des attaques semblables à celles en usage devant l'ancien. C'est en supposant que ces attaques chemineront avec plus de rapidité encore, sous un feu de canons vingt fois supérieur, qu'elles ne le font dans les siéges des places anciennes, dont le feu a été totalement éteint. C'est en supposant de même, que l'artillerie de l'assiégeant sera conservée toute entière, malgré les 20 pièces de l'assiégé, couvertes sous de bonnes voûtes, contre une de l'assiégeant découverte. C'est en regardant enfin comme nuls les effets de ces vingt pièces de l'assiégé contre une. Ce sont donc de pareilles suppositions, quoiqu'entièrement inadmissibles, qu'ils emploient avec assurance, & sur lesquelles est fondée la critique qu'ils ont publié contre cet ouvrage, après avoir gardé à son sujet, pendant dix ans, un silence absolu. C'est ainsi qu'en persistant à n'admettre que le système bastionné dans leurs constructions, ils perpétuent tous les avantages que l'attaque a pris depuis cent ans sur la défense. Mais si ce ne sont que de vaines allégations, & que l'ouvrage dont il s'agit soit fondé sur des principes certains, il en résultera, qu'ayant regardé comme glorieux à la Nation d'avoir perfectionné l'art fatal de détruire, quel degré de gloire ne lui sera-t-il pas dû, pour avoir enfin porté à son dernier degré celui de conserver ? La défense devenue supérieure à l'attaque, ne peut manquer de faire époque dans les fastes des Nations, puisqu'en assurant les propriétés, elle fondera à jamais la sécurité de tous les peuples.

Quels sont donc les obstacles qui peuvent, depuis plus de quatorze ans, s'opposer à un si grand bien ? L'intérêt particulier très-mal entendu de quelques chefs d'un Corps, qui profitent de l'insouciance des personnes en place, pour perpétuer des méthodes dont ils pensent devoir tirer leur considération ; comme si, faisant exécuter de meilleures choses, ils ne releveroient pas leur état, en proportion de l'utilité dont ils deviendroient.

Mais, non, l'on continuera de toutes parts, à faire aussi mal & aussi chèrement tout ce qui sera fait, tant qu'une autorité supérieure n'en ordonnera pas autrement ; & comment pourroit-elle faire cesser des maux que le régime actuel ne lui permet pas de savoir ! Ce régime, tel qu'il est, s'oppose absolument à ce qu'elle puisse jamais être mieux instruite.

Toutes les fortifications du Royaume étant entiérement sous la direction du Corps du Génie, attaché irrévocablement à ses anciennes méthodes; l'Administrateur ne peut connoître le véritable état où elles se trouvent, ni ce qu'elles peuvent avoir de défectueux, que par les rapports que les différens Officiers de ce Corps jugent à propos d'en faire. Ainsi ils peuvent croire & donner pour nécessaire ce qui ne l'est nullement. Ils peuvent faire construire les plus mauvais ouvrages, en les donnant pour être excellents. Ils peuvent faire les fautes les plus essentielles, sans qu'elles puissent être connues; car eux seuls projettant tout, exécutant tout, eux seuls aussi voyant tout, il faut nécessairement qu'eux seuls soient les oracles auxquels on puisse croire.

Cet exposé suffit pour faire connoître les fâcheuses conséquences qui peuvent résulter d'un tel état des choses, ce qui s'est passé à Cherbourg, faisant le principal objet de ce Mémoire, en servira d'une preuve convaincante.

Un Officier d'Artillerie fort appliqué étant venu chez moi, au mois de Juin dernier, avec les plans du Fort-Royal, exécuté à Cherbourg, d'où il arrivoit; désira s'en entretenir avec moi pour fixer son opinion sur les défauts dont il avoit cru s'appercevoir. Cet Officier très-instruit de mes méthodes, me laissa ses plans pour en prendre des copies, afin que je pusse les examiner à loisir, & lui en dire mon sentiment.

Mais ces plans me firent bientôt connoître avec une véritable peine, les fautes capitales faites dans leur exécution, ainsi que les grandes dépenses qu'elles ont dû occasionner.

J'ai démontré l'un & l'autre à l'Académie Royale des Sciences, par un Mémoire que j'y ai lu le 29 Juillet dernier 1789, & je n'ai pas manqué d'en rendre compte à M. le Comte de la Tour-du-Pin. J'ai eu l'honneur de lui mander dans ma lettre du 10 Août suivant, que j'avois démontré dans ce Mémoire:

1°. Qu'ayant cherché à imiter mes casemates au Fort-Royal de Cherbourg, on les avoit mal imitées.

2°. « Que ce fort ne peut donner que vingt-quatre coups de » canons par décharge sur le point de la rade qu'il défend le mieux ; » tandis qu'en suivant mes méthodes, il eût pu en donner jusqu'à » quatre-vingt-douze.

3°. » Que les embrasures des batteries casematées de ce fort, » n'ayant point été tracées suivant la théorie que j'ai donnée dans mon » ouvrage, les Canoniers y sont plus exposés, & les canons plus » faciles à démonter que dans des batteries à ciel découvert, ce qui » rend la dépense de semblables casemates inutile.

4°. » Qu'on a compliqué sans nécessité la construction de ce fort » au point qu'on y a fait entrer plus de huit mille toises cubes de » maçonnerie de plus qu'il n'eût dû y entrer, en se conformant aux » proportions que j'ai données dans mes méthodes, puisqu'il en contient plus de douze mille, & qu'il eût pu n'en contenir que trois » mille six cent.

5°. Enfin, que les changemens qu'on a fait aux affûts à aiguille » de mon invention, que j'ai fait exécuter à l'île d'Aix, y sont » nuisibles ».

J'ai ajouté dans ma lettre à ce Ministre, « que le Fort de Querqueville étant encore à exécuter, comme il doit être beaucoup » plus considérable, si l'on a suivi dans son projet la même méthode, il coûtera trois fois ce qu'il pourroit coûter, & sera » beaucoup moins fort qu'il ne pourroit être dans mes principes. » Que j'avois, depuis long-tems, fait le projet d'un fort pour ce même » emplacement, *que s'il jugeoit à propos de me faire communiquer » le plan du projet qui doit s'exécuter, je lui démontrerois les défauts » de celui-ci, & les avantages de celui qu'on pourroit y construire en » suivant d'autres principes* ».

Mais M. le Comte de la Tour-du-Pin n'a pas jugé à propos de me faire communiquer ce plan, il a préféré d'envoyer ma lettre à M. de Caux, Directeur des fortifications à Cherbourg ; & cet Ingénieur, au lieu d'envoyer les plans nécessaires pour démontrer les erreurs dans lesquelles je pourrois être tombé, s'est borné à contredire mes observations par une lettre dont le Ministre m'a mandé le contenu le 8 du mois de Novembre dernier.

Or une lettre de M. de Caux au Ministre, destinée à réfuter les objections que j'ai faites sur ses constructions, est une pièce *probatoire*, qui constate l'état où se trouve en ce moment, l'art des fortifications chez ceux chargés d'en diriger les opérations. Il est donc très-essentiel de réfuter chaque partie de cette lettre qui peut contenir une erreur, pour prouver & faire connoître toutes les fautes que ces Messieurs doivent faire tant qu'ils s'en tiendront à leurs anciennes opinions.

Mais pour n'être pas d'accord sur les principes avec M. de Caux, je ne reconnois pas moins tout le mérite de cet ancien Officier. Personne n'est plus persuadé que moi de toute sa capacité, mais ses occupations l'ont sans doute empêché de prendre une suffisante connoissance de mes méthodes, de façon qu'il s'est trompé en les exécutant, de même qu'il s'est trompé encore en voulant défendre la manière dont il les a exécutés. Personne n'eût été plus capable que lui de les perfectionner, s'il les eut suffisamment connues, & que ce qu'il a fait d'après lui, eût été plus réfléchi. Mais comme j'ai mis beaucoup plus de tems à toutes mes combinaisons, qu'il n'a pu en mettre, il suit qu'avec bien moins de talens, j'ai pu mieux faire; c'est une justice que je rends ici, à lui comme à moi.

Voici donc ce que M. de Caux écrit à M. le Comte de la Tour-du-Pin, avec mes observations sur chacun des articles de sa lettre.

TEXTE.

Il dit : 1. « Que les détails qui m'avoient été donnés sur le Fort-» Royal de Cherbourg lui paroissoient peu exacts ».

OBSERVATION.

1. M. de Caux ne peut s'être apperçu que les renseignemens qu'on m'avoit donné n'étoient pas exacts, qu'en vérifiant sur ses plans leur inexactitude; dans ce cas, que n'a-t-il envoyé ses plans pour en servir de preuve, & puisqu'il ne l'a pas fait, c'est qu'il n'a pu le faire. De-là l'on ne peut douter que mes reproches sur ces forts ne soient fondés.

TEXTE.

2. « On n'a point cherché à imiter mes casemates » (dit M. de Caux), « elles sont, suivant lui, d'une origine trop ancienne, pour » que personne aujourd'hui puisse se les approprier ».

OBSERVATION.

2. Ceci n'étant qu'un subterfuge pour éluder la vérité, laisse à présumer qu'on est peu disposé à la faire connoître. Les casemates de Cherbourg ne sont point d'anciennes casemates, ce sont mes nouvelles casemates que je prouve avoir été mal imitées. Ce sont les miennes, parce qu'on ne peut citer un seul endroit au monde où il en ait été exécuté de semblables avant l'année 1776, époque où mon ouvrage a paru, dans lequel elles se trouvent gravées. Ce sont les miennes, parce que MM. les Officiers du Génie ayant reconnu celles faites anciennement d'un usage impraticable, les avoient proscrites depuis plus d'un siècle, & la preuve qu'ils les regardoient comme telles encore en 1763, c'est que M. Filley, dans son projet fait cette même année pour défendre la rade de l'île d'Aix, n'a employé qu'une batterie à ciel découvert de la nature de celles qui défendent la rade de Brest & tant d'autres aussi mal défendues. Or j'en ai donné d'une nouvelle construction en 1776, j'en ai fait exécuter en 1779, à l'île d'Aix, qui ont été éprouvées avec le plus grand succès. Ce succès & l'ouvrage que j'ai publié ont détruit l'ancien préjugé du Corps contre toutes les casemates, & il en a fait exécuter pour la première fois à Cherbourg. Elles sont dans la même forme que celles qui se trouvent planches V, VI & IX du premier volume, & planches XX, XXI, XXII, XXIII & XXIV du deuxième volume *de la Fortification Perpendiculaire*. On laisse à décider à qui en est dû l'idée. Mais elle a été mal conçue & mal imitée, c'est ce que j'ai rigoureusement démontré dans mon Mémoire lu à l'Académie.

TEXTE.

3. « C'est à dessein (dit M. de Caux) qu'on a adopté d'autres » proportions, & les différences qui s'y trouvent y ont été observées » pour remplir d'autres vues ».

OBSERVATION.

3°. Si les changemens que M. de Caux a jugé devoir faire à mes casemates donnent aux siennes quelqu'avantage de plus, il a bien fait; mais au contraire il a mal fait s'ils en donnent moins. Or c'est le dernier que j'ai prouvé. Il falloit faire exactement mes casemates, ou en faire de meilleures : on ne peut éluder cette obligation, elle est de rigueur; celles exécutées sont prouvées moins bonnes. L'a-t-on fait exprès? Non sûrement, nous en réponderions; c'est donc faute d'avoir eu à cet égard des connoissances suffisantes. Cette partie de l'art de fortifier, absolument nouvelle, puisqu'elle n'a existé jusqu'à présent nulle part, n'a point été étudiée par ceux qui ont voulu l'exécuter pour la premiere fois. Remplis de confiance pour leurs lumières & de mépris pour celles d'un ancien Officier général étranger au Corps, ces Officiers ont regardé comme indifférentes les dispositions les plus essentielles de ces sortes de constructions. Ce n'est qu'après l'exécution du premier fort sur le rocher du Houmet, qu'ils se sont apperçus de leurs fautes, & ils entreprennent aujourd'hui de les justifier par de vains raisonnemens, par des phrases *insignifiantes*, débitées avec d'autant plus de confiance, qu'ils ont vécu jusqu'à présent dans la douce habitude de les voir toujours passer pour des axiômes venant de leur part.

TEXTE.

4. M. de Caux, dans la vue de me faire supporter une partie du blâme qu'il peut avoir encouru, « allègue que j'aurois pu m'ap-
» percevoir des défauts de ces forts, lorsqu'à mon passage à Cher-
» bourg en 1778, il m'en montra les projets. Que si j'avois jugé alors
» qu'on se proposât d'exécuter inexactement mes méthodes, j'aurois
» dû le redresser sur les fautes que je déplore aujourd'hui ».

OBSERVATION.

4. Je le redressai en effet dans le seul défaut dont il étoit possible que je m'apperçusse, celui du très-petit nombre de feux que ses forts projettés pouvoient donner sur la rade,

Lorsque

Lorſque je fus viſiter les côtes de France en Novembre 1777, & non en 1778, ſur les ordres que j'en avois reçu de M. le Comte de Maurepas, je paſſai à Cherbourg où j'eus l'honneur de voir M. de Caux. Mais il ne me donna point à examiner les projets des forts qu'il a fait conſtruire depuis ſur le Rocher du Houmet & ſur l'île Pelée ; il me les montra ſeulement, en me diſant : « *qu'il n'y avoit* » *que les caſemates avec leſquelles on pût efficacement défendre les rades* ».

Comme ces Meſſieurs n'avoient point été juſqu'alors dans l'uſage d'en employer, qu'ils les regardoient, au contraire, comme impraticables, & qu'il s'en trouvoit dans mon ouvrage qui n'avoient aucuns des défauts reconnus dans les anciennes ; je ne doutai pas un moment que ce ne fut les miennes que M. de Caux ſe propoſoit d'exécuter, leurs formes m'ayant paru à-peu-près ſemblables. Je n'étois point en droit de le faire expliquer là-deſſus ; d'ailleurs, comment à la ſeule vue me ſerois-je apperçu des différences qu'elles pouvoient avoir dans leur proportion avec les miennes. Ce n'eût été qu'avec le compas & la règle, ayant ſes plans & les miens ſous les yeux, & les comparant à tête repoſée dans tous leurs détails, qu'il eût été poſſible de reconnoître leurs défauts & de les démontrer tels. Le coup-d'œil rapide que je donnai ſur ces plans, me permit ſeulement d'appercevoir que les feux de ces forts ſeroient trop peu nombreux, & j'en fis l'objection à M. de Caux, qui les prétendit ſuffiſants. Je n'ai donc pu connoître les grandes différences dans les proportions, que lorſque depuis ſept à huit mois les plans & profils de ces forts m'ont été remis ; ſur ces pièces, dès que je les ai eues, j'ai fait le Mémoire, lu à l'Académie le 29 Juillet dernier, où ils ſont démontrés. Je l'aurois fait de même avant que ces forts euſſent été exécutés, ſi l'on m'en eût remis les plans. Mais MM. les Ingénieurs ſe tiennent inviolablement dans des uſages contraires. Ne voulant pas s'expoſer à être contredits, ils ont pour principes de faire le plus grand ſecret de leurs compoſitions. C'étoit auſſi le principe des Miniſtres de Louis XIV, religieuſement obſervé par leurs ſucceſſeurs juſqu'à nos jours. Madame de Maintenon s'exprime ainſi fort plaiſamment dans ſes lettres : *En ſortant du Conſeil, on m'a demandé le ſecret* (dit-elle) ; *mais les objets qu'on y a diſcuté m'ont paru ſi ridicules, & les conclusions si fausses, que ce secret est bien plus utile aux Ministres qu'aux affaires.* Il pourroit bien en être de même de Messieurs les Ingénieurs ; le prétexte du secret, est d'en ôter la connoissance aux étrangers, quoiqu'on n'ignore pas que dès qu'une enceinte est élevée de quelques pieds hors de terre, mille ouvriers qui y travaillent, & tant d'autres qui voient le travail, en font des plans que tout le monde a bien-tôt.

Je n'approuvai donc point les forts que M. de Caux a fait exécuter à Cherbourg ; mais la vérité qu'il eût pu dire, est que je désapprouvai totalement son projet d'y faire une rade capable d'y recevoir nos flottes royales. J'eus l'honneur de lui écrire à ce sujet de Brest, le 8 de Novembre 1777, que je n'avois trouvé sur toutes les côtes & dans tous les Ports où j'avois été, qu'un sentiment unanime sur le peu d'étendue de la rade de Cherbourg, & le peu de profondeur de la mer : qu'on exigeoit au moins trente pieds d'eau à marée basse pour les vaisseaux du premier rang, qui ne se trouvoient qu'en dehors des caps, où ces vaisseaux ne seroient en sûreté ni contre l'ennemi, ni contre les efforts de la mer.

Qu'on vantoit, au contraire, par-tout la rade de la Hougue, très-spacieuse, où l'on trouve quarante-cinq pieds d'eau à basse mer.

M. de Caux me fit une réponse, le 24 Novembre suivant, où il persistoit dans son sentiment, sans détruire aucune de mes objections. Je le lui prouvai, par ma seconde lettre, du 22 Décembre ; mais il ne crut pas devoir répondre à cette derniere. Son projet fut soumis à l'examen d'autres personnes, entr'autres MM. de Fourcroy & Grognard ; il a été exécuté, l'on sait le succès qu'il a eu, & ce qu'on peut en attendre. Peut-être pourroit-on former aujourd'hui quelques regrets de n'avoir pas fait plus d'attention à ces lettres écrites à M. de Caux dès l'année 1777 ; elles sont remplies de détails d'une très-grande considération pour cet important objet, & M. le Comte de *Maurepas* en reçut des copies en même-tems qu'elles furent écrites.

TEXTE.

5. M. de Caux convient cependant, « que les premières exécutions

» ont donné lieu à des obſervations, qui *ont ſervi très-utilement à* » *augmenter la perfection des ouvrages faits depuis.*

OBSERVATION.

5. Ainſi les premieres conſtructions, ſuivant M. de Caux lui-même, *ont été défectueuſes.* On eſt donc en droit de lui demander pourquoi elles n'ont pas été tout d'un coup ce qu'elles devoient être, puiſque les moyens en étoient imprimés & gravés depuis pluſieurs années ? On lui demandera de même pourquoi, dans les conſtructions exécutées depuis ces premières, ayant continuellement cherché à ſe rectifier, en approchant des modèles imprimés & gravés, il ne s'eſt corrigé qu'en partie, & qu'il y a laiſſé des défauts très-conſidérables qui ne ſe trouvent pas dans les modèles ? Il n'étoit donc pas ſuffiſamment inſtruit, & pourquoi ne l'étoit-il pas, puiſqu'il en avoit les moyens ?

TEXTE.

6. « Lorſqu'on en a été aux batteries ſupérieures (dit M. de Caux), » il lui a été propoſé, par M. Meunier, Officier du Génie, un ſyſtême » général qu'il a adopté pour régler le travail des embrâſures, (il au» roit dû dire le tracé) de maniere *à obtenir le plus grand champ* » *poſſible, battu par les pièces*, & il a ordonné que ce ſyſtême fut » conſtamment ſuivi à l'avenir ».

OBSERVATION.

6. M. de Caux auroit dû ſavoir que le problême du meilleur tracé des embrâſures, ne conſiſte pas ſeulement à obtenir le plus grand champ de tir horiſontal poſſible ; mais qu'il faut encore que ce ſoit auſſi, avec la plus petite ouverture poſſible. Le problême n'eſt réſolu qu'à cette derniere condition ; mais elle paroît avoir été ignorée à Cherbourg, & qu'on ne s'y eſt occupé que de procurer aux batteries hautes, un plus grand champ de tir en augmentant la grandeur des embrâſures, ſans ſuivre aucun principe. On demandera donc encore ici à M. de Caux, pourquoi n'eſt-ce que lorſqu'il en a été aux batteries ſupérieures du Fort-Royal, qu'il a cherché à donner un meilleur tracé aux embrâſures ? Pourquoi celles faites précédemment

ont-elles été si défectueuses ? Pourquoi n'a-t-il pas employé pour ces premières embrâsures le systême général de leur tracé, qui se trouvoit gravé dans les deux Planches XVII & XVIIIe du second Volume de la *Fortification Perpendiculaire* ? Pourquoi est-ce M. Meunier qui lui a présenté un systême général de ce tracé ? Pourquoi M. de Caux ne l'a-t-il pas comparé avec celui gravé cité ci-dessus. S'il en eut connu la théorie, il auroit reconnu que celui donné dans mon ouvrage étant bien plus avantageux devoit être préféré, & il auroit évité les défauts qui se trouvent dans les embrâsures exécutées sur le tracé que lui a présenté M. Meunier.

Mais il paroît que M. de Caux ne s'étoit pas mis en état de juger le mérite de mon tracé sur celui de M. Meunier ; il a accepté ce dernier, n'en connoissant point d'autre, & il a permis ainsi que les embrâsures prétendues corrigées, fussent plus défectueuses à d'autres égards que celles déja exécutées ; & cette vérité a été démontrée à l'Académie dans le Mémoire que j'y ai lu, le 29 de Juillet dernier.

On est donc toujours tombé d'erreur en erreur ; alors, c'est ne connoître qu'imparfaitement l'art que l'on professe, & ne se douter aucunement de son étendue. C'est sans doute parce que les embrâsures pratiquées dans des murs, ont formé de tous tems d'énormes entonnoirs propres à renvoyer toutes les balles dans l'intérieur des batteries, qu'on n'a pas manqué de construire de même celles de Cherbourg ; & quoique l'on ait acquis de grands moyens défensifs consignés dans un ouvrage, publié depuis plusieurs années, MM. les Ingénieurs dédaignant toute connoissance nouvelle, sont restés encore aujourd'hui au point où étoient ceux qui vivoient il y a deux cent ans.

Ils y sont, & ils y veulent rester, puisque M. de *Fourcroy* a imprimé dans son volume sur la Fortification Perpendiculaire (1), *que toute nouveauté proposée en fortification étoit une preuve certaine de l'ignorance de son auteur, parce que*, dit-il, TOUT EST TROUVÉ DANS CE

(1) Voyez le Mémoire sur la *Fortification Perpendiculaire*, par plusieurs Officiers-généraux du Corps du Génie, où le sens de ces mêmes expressions se trouve répété en nombre d'endroits, & nommément à la note *h*, page 38.

GRAND ART. Voilà où nous en sommes encore par les soins & l'éternelle influence de M. de *Fourcroy*.

TEXTE.

7. « *On ne sauroit* (dit plus bas M. de Caux) *diminuer l'ouverture » des embrâsures sans restraindre en même tems beaucoup l'espace découvert par les pièces, le danger des coups d'embrâsures, est* (dit-il) *» bien avantageusement balancé par le danger plus réel que les proportions adoptées pour ces embrâsures feront courir aux vaisseaux ennemis* ».

OBSERVATION.

7. M. de Caux se trompe encore dans tout ce qu'il dit ici, par la même raison qu'il s'est trompé plus haut, cette raison est qu'il ignore ce dont il parle; car je dis, tout au contraire, qu'on peut diminuer cette ouverture en augmentant l'espace découvert par les pièces, (espace qui s'appelle *le champ de tir horisontal de l'embrâsure*). C'est ce que ma théorie a démontré à ceux qui la connoissent, en voici la preuve.

Les embrâsures de la batterie basse du Fort-Royal n'ont de champ horisontal que 62 degrés, & elles ont cependant 8 pieds de largeur, tandis que dans mon Mémoire lu à l'Académie, j'ai donné le tracé d'une embrâsure de 75 degrés de champ horisontal, ce qui fait 13 degrés de plus, qui n'a que 4 pieds de largeur extérieure, ou la moitié de celle que M. de Caux a fait exécuter. Il pensoit suivre le systême général du meilleur tracé des embrâsures, tandis qu'il ne suivoit qu'une production imparfaite de M. Meunier, qu'il a regardé comme une savante théorie, & l'on voit par sa lettre qu'il est encore persuadé d'en avoir obtenu de grands avantages.

Non; je l'ai dit, & prouvé; je le dirai & le prouverai, chaque fois que j'en serai requis. Les différentes embrâsures exécutées jusqu'à présent à Cherbourg, sont toutes défectueuses, au point d'être moins avantageuses pour la conservation des canons & des Canoniers, que celles à merlon & à ciel découvert. Toutes ces constructions rappellent (je le répète & ne saurois trop le répéter) celles qui ont pû être faites il y a deux cent ans. L'art, tel qu'il existe aujourd'hui, consigné dans un ouvrage publié depuis quatorze ans, est entièrement ignoré par ceux qui ont à le pratiquer; ou bien ils ne l'ont pas compris; ou bien ils ne le veulent pas comprendre. Je n'entreprendrai point de décider dans lequel de ces cas ils se trouvent, mais ce que je suis en droit de conclure, c'est que l'État en est on ne peut plus mal servi, & que le Ministère ne peut jamais être justifié de l'avoir souffert.

TEXTE.

8. M. de Caux observe de plus pour se disculper du reproche que je lui ai fait d'avoir donné différentes épaisseurs & différens taluds extérieurs à des murs de ses forts d'une égale élévation, « *que la » hauteur des maçonneries n'étoit pas le seul principe à consulter pour » régler leur épaisseur, que l'action inégale de la mer sur les parties » différemment exposées, a servi beaucoup à déterminer cette épaisseur* ».

OBSERVATION.

8. Il n'est point vrai encore, que les efforts plus ou moins grands de la mer sur certaines parties des murs d'un fort, doivent servir à déterminer leur épaisseur; & que ce ne soit pas proportionnellement à leur hauteur, qu'elle doive être fixée, parce que l'épaisseur uniforme ne doit être établie que depuis le niveau où les plus hautes eaux peuvent frapper, tout ce qui est au-dessous doit être renforcé par des contre-murs en avant plus ou moins épais, destinés à supporter & rompre les efforts de l'eau; ces différentes épaisseurs sont locales & ne sont employées que où on les juge nécessaires. Mais tous les murs qui doivent être élevés au-dessus des plus hautes eaux, doivent avoir des épaisseurs absolument semblables, & leurs taluds extérieurs uniformément proportionnels à leur hauteur. Ne pas s'y conformer, c'est n'avoir aucuns principes fixes de construction, & les forts sur le rocher du Houmet & sur l'île Pelée en fournissent nombre d'exemples.

Texte.

9. M. de Caux ajoute « *que je suis bien éloigné pour pouvoir juger » d'ouvrages aussi importans, sans autre guide que des plans & profils » probablement infidèles. Qu'il en juge par le nombre de pièces que je » donne comme le plus grand que l'on puisse réunir sur le même point. » Que des détails plus exacts m'auroient montré que ce nombre pour- » roit très-bien être double* ».

Observation.

9. J'ai dit dans ma lettre au Ministre, communiquée à M. de Caux, que le Fort-Royal ne pouvoit donner que vingt à vingt-quatre coups de canon par décharge sur le point de la rade, où il en pouvoit donner le plus (1). J'en ai jugé sur des copies très-fidèlement faites sur les plans originaux des Ingénieurs. Ces plans contiennent les tracés des embrâsures cottés & dessinés en grand, & ces plans méritent toute confiance. M. de Caux répond : « *que par des détails exacts, » on démontre que ce nombre peut très-bien être doublé* ». Si cela étoit vrai, il lui eût été bien aisé de le prouver par des plans qu'il eût envoyé d'une partie en grand de la circonférence du fort, où il eût exprimé très-exactement les embrâsures avec les ouvertures du nombre de degrés qu'elles ont dans l'exécution. Dans mon calcul je les ai établi ouvertes de soixante-quinze degrés, & je suis certain que celles de la batterie basse n'en ont que soixante-deux. J'ai la distance des pièces entr'elles ; ainsi il faudroit que M. de Caux produisit un plan, où, dans ces mêmes proportions, il se trouvât le double de coups à réunir par décharge sur le même point de la rade, c'est ce que je suis certain qu'il ne peut être ainsi ; c'est encore une assertion faite avec pleine connoissance qu'elle n'est pas juste, mais seulement dans le dessein de faire illusion & de contredire, afin d'avoir l'air de réfuter, ne pouvant le faire réellement. Ces sortes de réponses se font par ces Messieurs, à un Ministre, dans la certitude que l'expérience

(1) Dans d'autres points, il n'en donne que six & trois, tandis que celui projetté, suivant mes méthodes, en donne par-tout quatre-vingt-douze, & jusqu'à quatre-vingt-seize.

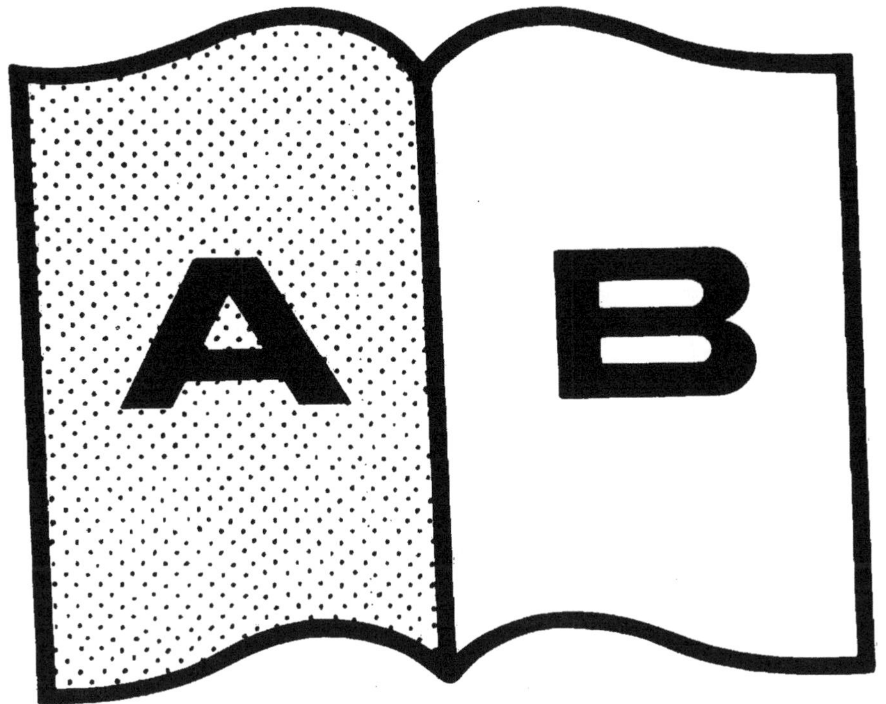

Contraste insuffisant

NF Z 43-120-14

leur a donné, qu'il n'ira pas à la vérification. Elles font l'effet de l'habitude où jusqu'à présent Messieurs les Ingénieurs ont été d'être crus sur parole. Cette conduite peut être utile pour les sortir d'embarras, mais elle est difficile à justifier.

TEXTE.

10. M. de Caux finit sa lettre au Ministre : « Non, en consentant que les plans que j'avois demandé me fussent communiqués, » mais en éludant ma demande ; & il lui répond qu'il est bien » difficile que j'aie pu faire, suivant mes méthodes, un projet (pour » le cap de Querqueville) convenable au terrein, qu'il feroit indispensable que mon projet lui fut envoyé pour le discuter avec le » même soin que l'a été celui dont le Roi a ordonné l'exécution, & » qu'il pourroit même être fort utile pour terminer à la fois toutes » les discussions, que je voulusse me transporter moi-même à Cherbourg ».

OBSERVATION.

10. Ainsi j'avois demandé des plans avoués de ces Messieurs pour être comparés aux miens, afin de reconnoître d'une maniere certaine la vérité des défauts qui se trouvent dans les forts exécutés. Mais, que leurs plans soient communiqués à quelqu'un en état de les juger, c'est ce qui est impossible à obtenir d'eux d'abord, & apparemment des Ministres aussi, puisque jusqu'à présent aucun n'a voulu ordonner cette communication. De cette façon, la vérité n'est jamais connue ; le mal qui s'est fait, se fait & se fera toujours, tant qu'on ne suivra pas une autre route.

A tous les raisonnemens *insignifiants* de M. de Caux, dont M. le Comte de la Tour-du-Pin a jugé à propos de m'informer, par sa lettre du 8 du mois de Novembre, je me suis borné en finissant ma réponse, à dire :

« Je ne vous ferai point un volume ici, M. le Comte, pour » réfuter les allégations de . de Caux, ce sont avec ces Messieurs » des discussions indéterminables. Il y en a déja de leur part un » volume grand in-4°, ceci apparemment en feroit un supplément.

Si

« Si vous voulez qu'enfin le bien soit fait; si vous voulez que la
« force se trouve réunie avec l'économie dans les nouvelles construc-
« tions qui sont à exécuter à Cherbourg, ordonnez que M. de Caux
« & M. Meunier se rendent ici avec leurs Plans & Mémoires : alors je
« m'engage de démontrer irrésistiblement, en votre présence, ainsi
« qu'en la leur, tout ce j'ai démontré à l'Académie, & avancé dans
« la lettre que j'ai eu l'honneur de vous écrire le 10 Août dernier.

« C'est de cette seule façon, Monsieur le Comte, qu'on peut
« terminer de frivoles discussions, & arrêter le mal qu'aucun des
« Ministres, vos prédécesseurs, n'ont seulement pas voulu connoître.
« Il seroit temps cependant qu'il ne fût plus permis d'avoir raison en
« soutenant que le noir est blanc, ni que l'Etat souffrît davantage
« d'erreurs aussi préjudiciables."

Cette lettre est restée sans réponse de la part du Ministre.

Il est donc évident que les choses ne peuvent subsister telles qu'elles sont, sans qu'il en résulte les plus fâcheuses conséquences. De tous côtés on prodigue l'argent pour faire à grands frais de très-mauvais ouvrages. Au Havre, par exemple, on a démoli trois fronts de la Citadelle; on a démoli de même toute l'ancienne enceinte de la Ville, pour en faire une nouvelle beaucoup plus étendue, & encore plus foible que n'étoit celle qu'on a détruite. On porte cette enceinte à plus de deux cents toises en avant du bastion appellé *de la Musique*, joignant le bourg d'Ingouville, & n'étant plus qu'à environ deux cents toises des hauteurs qui dominent ce bourg, & dont par conséquent cette nouvelle enceinte sera plongée. On dit, à la vérité, que le projet est de les occuper par un fort qu'on se propose d'y construire : mais quel fort sera-ce? Dans les méthodes pratiquées jusqu'à présent, ils sont d'une très-foible défense; ou, pour les rendre un peu moins mauvais, il faut y dépenser des sommes considérables. Il seroit donc très-important de connoître le projet du Havre dans toute son étendue, pour le borner, & lui donner tous les avantages que nous offrent les nouvelles méthodes, sur-tout ceux de l'économie.

Il y a également des projets pour Dunkerque, où l'on dit qu'on s'est hâté de réédifier le *Risban*. Il en a donc coûté beaucoup pour n'avoir qu'un mauvais fort, qui n'offre pour défenſe qu'une batterie à ciel découvert, placée ſur une plate-forme plongée par le feu des galliards, & des hunes des vaiſſeaux. Il y a long-tems que j'ai chez moi un projet pour Dunkerque, en plans & en relief. Il réunit de grands avantages, tant pour ſa défenſe, que pour les objets de ſon commerce, même d'une Marine Royale, ſi le Miniſtère jugeoit à propos de s'en ménager les moyens pour les tems où il lui conviendroit d'en faire uſage.

CONCLUSION.

DE tout ce qui précède, on voit que la partie des Fortifications du Royaume demande la plus ſérieuſe & la plus prompte attention de la part du Miniſtère; qu'il ne peut trop ſe hâter de prendre connoiſſance des différens projets relatifs à Cherbourg. J'ai démontré, relativement à celui-ci, dans mon Mémoire lu à l'Académie ſur les caſemates exécutées au fort Royal, que l'intérieur de ce fort eſt enfilé de tous les ſens; qu'il eſt vu à dos dans la plupart de ſes batteries, de façon à en rendre la défenſe impoſſible. Si l'on a fait les mêmes fautes dans celui que l'on bâtit actuellement au Cap de Querqueville, il lui ſera également impoſſible de réſiſter à la moindre attaque. J'avois demandé la communication du plan de ce fort; on me l'a conſtamment refuſée. Ce ſera encore une dépenſe faite, pour n'être d'aucune utilité à la défenſe de la côte: il en eſt de même de celle faite pour l'exécution des projets du Havre, de Dunkerque, & de même de ceux qui peuvent exiſter pour nos Colonies. Il ne feroit pas moins important que ces derniers fuſſent ſoumis au même examen. Il s'eſt paſſé à cet égard des choſes inouies à l'Ile de France. On y a conſtruit trois fronts baſtionnés, à plus de trois cents toiſes en avant de la ville du Port-Louis, entièrement ouverte dans tout ſon pourtour; de manière que ces trois fronts bien revêtus en bonne maçonnerie, qu'il faudroit abandonner dès que l'ennemi auroit mis le pied dans l'île, ont coûté plus que n'auroit coûté le projet que j'ai fait, depuis long-tems, pour fermer toute la ville, & occuper les montagnes qui la dominent. Quand le plan de cet étonnant travail me fut remis, je ne pouvois le croire. Sans doute qu'il existe bien d'autres choses semblables que j'ignore : car ce ne sont que des hasards qui m'en procurent la connoissance. Un travail constant de plus de trente années, sur tout ce qui est relatif aux Fortifications, connu de chacun des Ministres qui se sont succédés ; la réussite de tout ce que j'ai eu à exécuter suivant mes nouvelles méthodes, soit à l'Ile d'Oléron en 1761, soit à l'Ile d'Aix en 1779 (1), n'ont pas été pour eux des motifs suffisans pour leur faire naître le désir de savoir ce que je pourrois penser de ces différens projets. Ils n'ont pu se dissimuler qu'un de leurs premiers devoirs est d'examiner scrupuleusement tout ce qu'ils ont à ordonner, & sur-tout d'entendre les différens avis, pour ne se déterminer que pour le plus vraisemblablement bon. Mais bien loin de me jamais rien demander, ils ont toujours refusé de m'entendre ; ils n'ont songé à me consulter qu'en deux occasions : en 1761, pour mettre en état de défense l'Ile d'Oléron ; & en 1779, pour fortifier l'Ile d'Aix. Mais l'état de guerre où l'on étoit à ces deux époques, leur en faisoit une nécessité ; car la foi qu'ils avoient vouée à leurs oracles ordinaires, leur devenoit inutile ; ces oracles étoient muets dans les cas semblables. Alors on a eu recours à l'*Empirique* ; & quoiqu'il ait toujours guéri son malade, on en a été si honteux, qu'on s'est hâté de revenir à l'ancien culte, dès que le besoin a été passé ; & tout a continué à aller aussi mal qu'auparavant.

Voici la réponse que je reçus d'un Ministre à ce sujet ; on me dispensera de le nommer. « Je vois bien tous les avantages de ce projet « suivant votre méthode [me dit-il] ; mais je ne vous cacherai pas « combien je répugne à le faire exécuter ; car enfin, en laissant aller

---

(1) Ces succès sont prouvés par les lettres de M. le Duc de Choiseul, & de M. le Maréchal de Senectère, en 1761, imprimées au troisième volume de la Fortification Perpendiculaire, & par les lettres de M. le Marquis de Voyer & de M. le Marquis de Ségur, en 1781. Cette dernière fut écrite, de la part du Roi, au Marquis de Montalembert, pour lui marquer sa satisfaction du succès qu'avoit eu l'épreuve faite au fort de l'Ile d'Aix. Voyez le procès-verbal de cette épreuve, & la lettre de M. le Marquis de Voyer, page XXXIX de l'Avant-propos du cinquième volume de la Fortification Perpendiculaire.

« les choſes comme elles ont été avant moi, je ne ſuis reſponſable de
« rien; je ne ſuis pas obligé à faire mieux : au lieu qu'en admettant des
« nouveautés, quelque bonnes qu'elles fuſſent, il y auroit tant de per-
« ſonnes intéreſſées à en dire du mal, qu'il s'en éleveroit un cri public
« contre moi, qu'il eſt toujours dangereux d'exciter dans des places
« telles que celle que j'occupe. »

Ce ſont donc les intérêts particuliers des perſonnes en place qui s'oppoſent le plus ſouvent au bien général. Etant toujours incertains ſur la durée de leur règne, ils ne s'occupent que des affaires courantes dont chaque département eſt ſurchargé. Le tems leur manque, ſi ce n'eſt les lumières, pour acquérir ſur chaque partie, des connoiſſances ſuffiſantes. C'eſt ainſi que les meilleurs projets ſur la défenſe de nos frontières ont été repris & laiſſés tant de fois, par chaque Miniſtre; mais jamais aucuns n'ont été définitivement arrêtés. Les travaux faits ſur cette importante partie, en plans & cartes particulières, ſont fort grands. Il y a peu de Miniſtres, qui n'en aient ordonné, & qui n'aient ſacrifié à ce travail des ſommes conſidérables. Pour ce qui me regarde, je puis citer les différens ordres que j'ai reçus des différens Miniſtres de la Marine, pour leur donner des projets relatifs à la défenſe de nos établiſſemens dans l'Inde : ces projets ont été faits & approuvés, toutefois ſans en avoir reçu aucune rétribution ; mais tous ces actes de bonne volonté de ces Miniſtres ne ſe ſont jamais terminés par aucune déciſion de leur part. Nous avons perdu, reperdu, & enfin abandonné Pondichéry, après y avoir dépenſé dix fois plus qu'il n'eût fallu pour le conſerver à jamais ; & c'eſt de cette façon qu'il ſe trouve, dans les bureaux de la Marine, & ſur-tout au dépôt de la Guerre, des choſes précieuſes qui y ſont enfouies au milieu d'un grand nombre d'inutiles ; tout y eſt entaſſé & mis au même rang. Juſqu'à préſent, il n'eſt permis à perſonne d'exploiter cette mine, dont pluſieurs filons peuvent ſe trouver très-riches. Des intérêts particuliers paroiſſent encore ici être l'unique cauſe de l'impénétrabilité de ces différens dépôts.

Mais comme le Miniſtère ne peut avoir d'autre intérêt que celui de procurer les plus grands avantages à l'Etat, & qu'il n'en eſt point de plus grand que celui de rendre ſes frontières impénétrables avec le moins de dépenſe poſſible ; le moment arrivera ſans doute où l'on pourra enfin commencer l'exécution de ce grand & très-important projet, de mettre nos places en bon état de défenſe, ainſi que nos frontières, & que l'on ouvrira les ſources où l'on pourra puiſer les connoiſſances déjà acquiſes relativement à ces objets importans.

Quant à celui de nos frontières, j'ai donné un projet de lignes permanentes, Planche XII du IVe Volume de la Fortification Perpendiculaire, qui comprend tout le cours de la rivière de *Lauter*, & ferme entièrement la Baſſe-Alſace. Cette méthode peut ſervir d'exemple, & s'appliquer avec la plus grande facilité à toute l'étendue des frontières, en profitant des rivières & des différentes hauteurs qui ſe trouvent commander le pays dans les montagnes. Rien n'eſt plus ſimple, & d'une application plus facile que cette méthode ; & rien ne feroit plus difficile à franchir que de ſemblables lignes, puiſqu'elles exigent le ſiége de différens forts, capables d'une plus grande réſiſtance que nos plus fortes places de guerre : car chaque fort ne pouvant être inveſti ſans être ſous le feu d'un autre fort, il en réſulte que leurs garniſons peuvent être renouvellées auſſi ſouvent qu'on le jugera néceſſaire ; & que tous leurs feux étant couverts ſous de bonnes voûtes, les troupes nationales du pays, y ſeront également propres ; avantage qui doit être d'une très-grande conſidération, puiſque le nombre des troupes réglées pourra être de beaucoup diminué, & que ces ſortes de troupes pourront être portées par-tout où les beſoins de la guerre pourront l'exiger.

Ces lignes ſuivroient le cours des rivières & des ruiſſeaux, avec les écluſes néceſſaires pour en former des canaux de navigation, dans tous les endroits où le terrein le permettroit ; & la plus grande partie de nos frontières ſe trouve ſi heureuſement diſpoſée à cet égard, que depuis la rivière du Doux en Franche-Comté, on peut établir une navigation dans toute l'Alſace juſqu'à Landau ; & de-là, après un petit eſpace à traverſer dans les montagnes de la Lorraine, on peut établir de même des canaux de navigation, depuis la Sarre juſqu'à Dunkerque, tous également défendus par le même ſyſtême de lignes, dont j'ai donné un exemple gravé, ainſi qu'il vient d'être dit. La poſſibilité de tous ces canaux de navigation a été reconnue par des nivellemens faits à différens tems. J'en connois dont le travail eſt fait dans un grand détail; & comme un jour ou l'autre, chaque province aura à s'occuper de tout ce qui pourra aſſurer ſes poſſeſſions, & augmenter ſon commerce, on ne peut douter que lorſqu'elles auront pour leurs frontières un ſyſtême de défenſe auſſi certain, & des moyens auſſi avantageux pour le débouché de leurs denrées, elles ne hâtent, par tous les moyens poſſibles, l'exécution & des lignes & des canaux deſtinés à border leurs frontières. Je ne penſe pas que perſonne puiſſe diſconvenir de la grande utilité qui réſulteroit de l'exécution d'un pareil projet.

Mais les Miniſtres auxquels le département de la guerre ſera confié, tomberoient dans une grande erreur s'ils ſe perſuadoient qu'ils n'ont point à s'occuper de la manière dont les fonds qu'ils auront ordonnés pour telle ou telle partie, ſeront employés. Il importe eſſentiellement qu'ils ſoient dépenſés le plus économiquement & le plus utilement poſſible; il faut par conſéquent qu'ils en ſurveillent l'emploi. On a tant de fois abuſé les mieux intentionnés, qu'on a tout à redouter pour l'avenir, ſi la forme reſte la même: ſi MM. les Officiers du Génie, toujours amoureux de leurs projets, parce que telle eſt la marche de la nature, n'ont d'autres contradicteurs que des Miniſtres, qui conviennent de bonne foi n'y rien entendre, de mauvais projets exceſſivement coûteux ſeront ordonnés, les fonds ſeront conſommés, & les frontières n'en ſeront pas mieux défendues. Que l'état des finances eût permis d'exécuter le projet de feu M. Filley, pour l'Ile d'Aix, d'une forteresſe à *Mézalectre*, dont le devis montoit à 16,152,646 livres, on n'auroit eu qu'une très-mauvaiſe fortereſſe, déclarée telle par MM. les Officiers du Génie, dans l'ouvrage qu'ils ont fait imprimer ſur la Fortification Perpendiculaire, & que j'ai démontré être de la plus foible défenſe; tandis qu'avec cette même ſomme, en ſuivant d'autres méthodes, pour la dixième partie de cette dépenſe, on eût pu avoir une force dix fois plus grande; c'eſt encore ce que j'ai prouvé dans mes différens ouvrages. (1)

---

(1) Voyez les Tomes V & VI, & dans le préſent Volume.

Ce feroit de même une autre erreur de fuppofer que perfonne hors du Corps du Génie, ne peut avoir les connoiffances fuffifantes pour juger de l'utilité de l'emploi. Les Militaires, dont le goût les portera à s'occuper de ces objets, feront bientôt initiés dans les myftères d'une fcience qui n'en a jamais renfermé aucuns, que ceux qu'un défir de fe rendre plus recommandables a pu faire fuppofer. Pour tracer un front baftionné, le premier arpenteur peut le faire : il lui fuffit de favoir qu'il faut, autant qu'il eft poffible, défiler fes ouvrages des hauteurs voifines ; favoir, que, pour que chaque front foit en bonne proportion, le côté du polygone doit être de 180 toifes, la perpendiculaire de $\frac{1}{6}$ de ce côté, & la face du baftion de $\frac{2}{7}$ de ce même côté. Et tout entrepreneur de bâtiment peut élever, en très-bonne maçonnerie, les murs de revêtement de ces remparts. Il ne faut pas croire aux connoiffances fublimes de ceux qui ont changé les proportions des flancs & des faces des baftions, ce qu'ils n'ont pas manqué d'appeller leur fyftême. La plus petite différence dans quelqu'une de ces parties, a fuffi pour faire un nom à fon auteur : mais croyez que de tous ces différens fyftêmes baftionnés, enfantés depuis deux cents ans, on en peut donner le choix indifféremment (1); & que tout jeune homme, doué de quelque intelligence, en fortant des mains de fon maître de mathématiques, en fait autant, à cet égard, qu'aucun de MM. les Officiers du Génie. Les membres de ce Corps, quoique compofé de plufieurs géomètres, & de perfonnes d'un vrai mérite, n'ont, fur le tracé de leur fyftême, aucune connoiffance qui ne leur foit commune, non-feulement à tous les Ingénieurs de l'Europe, mais même à tous ceux des Militaires, qui ont eu la curiofité de parcourir quelques-uns des mille & un Traités de Fortification, qui ne contiennent tous que la même chofe ; & il ne faut pas douter qu'un grand nombre d'Officiers étrangers au Corps du Génie, ne cherchaffent à acquérir ces fortes de connoiffances, s'il étoit reconnu qu'elles pourroient être de quelque utilité pour eux. Jufqu'à ce moment, pourquoi ces connoiffances ont-elles été négligées ? C'eft parce que nul autre qu'un Ingénieur ne pouvoit être chargé

(1) Pour en juger, voyez les Planches II & III du VIIe Volume.

d'avoir rien à décider dans ce genre. S'il eût été d'usage de prendre l'avis des Commandans des Provinces, des Gouverneurs des Places, des Lieutenans de Roi, qui y sont employés; si l'on eût vu que ces emplois eussent été donnés préférablement à ceux qui eussent acquis de semblables connoissances, il n'y a pas de doute que le nombre en eût été très-grand; de même qu'on ne peut douter qu'un règlement qui accorderoit la nomination à ces mêmes emplois, préférablement aux Officiers les plus instruits, ne rendît bientôt cette sorte d'instruction très-commune dans le militaire.

Alors un Ministre de la Guerre ne seroit plus exposé à s'en rapporter aveuglément à un Officier du Génie, pour les projets qu'il auroit à proposer; il auroit, pour s'éclairer, à prendre l'avis de ces Officiers occupant les places dont nous venons de faire mention, dans les villes, ou sur les frontières, pour lesquelles les projets auroient été faits; & ces mêmes Officiers étant chargés de veiller à leur bonne exécution, on seroit certain que les dépenses faites des deniers de l'Etat, seroient aussi avantageuses à une meilleure défense, qu'elles y sont inutiles dans la plupart des lieux où elles sont faites. Chacun des Officiers en place dans les provinces, pourra donc être au pair, sur ces constructions bastionnées, avec ceux dont l'état est de s'en occuper uniquement; & lorsque ces Officiers auront reconnu qu'on n'a, pour la défense des places, qu'une artillerie, qu'il est impossible de conserver dans tous les systêmes bastionnés, il ne leur sera pas difficile de se déterminer pour le tracé des forts destinés à former les lignes permanentes, suivant un nouveau systême, où l'artillerie multipliée ne peut être détruite par aucun moyen qui soit à la disposition des assiégeans. Alors, qu'est-ce que ces différens Officiers auront à faire, pour être tout-à-fait initiés dans ces nouvelles méthodes? Parcourir l'ouvrage où elles sont traitées dans le plus grand détail, & représentées en plans, coupes & élévations, sur plus de cent trente Planches parfaitement gravées. Ces connoissances, qui peuvent être acquises en quelques mois, les mettront en état de décider des meilleurs projets défensifs, toutes les fois que le Ministre aura recours à leur avis; car il suffit de ce seul principe à retenir, pour être d'excellens juges en ce genre.

PRINCIPE

PRINCIPE FONDAMENTAL.

LA FORTIFICATION QUI POURRA DONNER SUR CHAQUE POINT DE SA CIRCONFÉRENCE, UNE PLUS GRANDE QUANTITÉ DE FEUX, ET MIEUX COUVERTS, EST TOUJOURS CELLE QUI DOIT ÊTRE PRÉFÉRÉE; & ce principe, dont la vérité ne peut être conteſtée, exclut tous les ſyſtêmes baſtionnés, mis en parallèle avec ceux angulaires caſematés, puiſque l'artillerie eſt impoſſible à conſerver avec les premiers, & impoſſible à perdre avec les ſeconds.

Le Miniſtre ayant donc à s'occuper d'un objet auſſi eſſentiel que celui de mettre en bon état de défenſe les places de guerre, & les frontières du royaume, pourra ordonner qu'il ſoit fait, dans chacune des provinces de Franche-Comté, d'Alſace, des Evêchés, de Lorraine, Hainault, Cambréſis, Artois & Flandres, des projets de lignes frontières *permanentes*, ſuivant les anciens & les nouveaux ſyſtêmes, leſquelles ſeront aſſujetties à border & défendre les canaux de navigation, dont chacunes des frontières de ces différentes provinces ſe trouveront ſuſceptibles, pour leſdits projets lui être préſentés dans le moins de temps poſſible, avec ceux dont l'exécution aura été arrêtée, ſoit pour Cherbourg, ſoit pour le Havre, ſoit pour Dunkerque, ſoit pour l'Ile d'Aix, ou pour tout autre endroit où il y aura des travaux à faire, afin qu'il puiſſe ordonner ceux de ces projets qu'il jugera devoir préférer; & pour cet effet, tout militaire qui ſe ſera occupé des moyens défenſifs des frontières, ſoit d'après des reconnoiſſances locales, ayant été dans l'Etat-Major de l'Armée, ſoit d'après des idées particulières, dont il aura fait l'application à quelque partie des frontières, aura à les communiquer au Miniſtre; & de même, MM. les Officiers du Génie auront à produire, devant lui, leurs différens projets relatifs aux fortifications à exécuter dans leur direction, de quelque nature qu'ils ſoient: mais, pour être aſſuré de la vérité & de l'exactitude des différens expoſés qui lui ſeront faits, le Miniſtre nommera ſix ou huit Inſpecteurs des Fortifications, pris parmi des Officiers étrangers au Corps du Génie, & choiſis parmi ceux reconnus pour avoir acquis des connoiſſances dans ce genre; ils ſeront chargés, chaque année, de la viſite des frontières; & les motifs allégués par MM. les Ingénieurs, ou autres Officiers, pour appuyer leurs projets, n'auront de force qu'autant qu'ils seront conformes à l'avis de l'Inspecteur des Fortifications de leur Département. C'est seulement de cette façon qu'on empêchera l'exécution des projets dispendieux, & peu utiles, qui ont été ordonnés jusqu'à présent dans tant d'endroits, par des Ministres qui s'en sont toujours rapportés uniquement aux Ingénieurs de chaque Direction. Il existe, dans le nombre de mes Plans en relief, des forteresses, depuis les plus grandes places jusqu'aux plus petits forts, dans toutes les formes, telles qu'elles peuvent convenir à toutes sortes de terreins. On y trouvera de même, en relief, le tracé de mes lignes *permanentes* avec les forts qui y conviennent. Ce travail, qui est l'ouvrage de trente années, se trouvant tout fait, on y pourra choisir tel ou tel modèle, suivant l'objet qu'on aura à remplir ; & si le Ministère jugeoit que les connoissances, que tant d'années d'application ont pu me faire acquérir en ce genre, pussent être utiles à déterminer les constructions, & les espèces de forts qui conviendront le mieux aux situations que les frontières pourront offrir, je serai toujours prêt, jusqu'au dernier moment de ma vie, à sacrifier & mon temps, & mes peines, & ma fortune, ainsi que je l'ai fait depuis que j'existe. Ce sentiment est né avec moi, & mourra de même.

Mais après avoir dit tout ce qu'il importoit si fort qui le fût, il ne me reste qu'à former les vœux les plus sincères pour qu'on fasse, dans cette partie, tout le bien qu'on peut faire, & qu'il est si important pour l'Etat qui soit fait.

FIN.

www.ingramcontent.com/pod-product-compliance
Ingram Content Group UK Ltd.
Pitfield, Milton Keynes, MK11 3LW, UK
UKHW022203190726
13855UKWH00004B/1604